KB211930

金剛般若波羅蜜經

한없이 깊고 미묘한 이 진리의 말씀은

백천만 겁을 지나도 만나기 어렵네

내 지금 이 말씀 듣고 받아 가졌으니

부처님의 밝은 뜻 받들어 시봉 잘하기를 발원

無	上	甚	深	微	妙	法
百	千	萬	劫	難	遭	遇
我	今	聞	見	得	受	持
願	解	如	來	眞	實	義

金剛般若波羅蜜經

姚秦 三藏法師 鳩摩羅什奉詔譯

❀ 法會因由分 第一

如是我聞하사오니, 一時에 佛이 在 舍衛國 祇樹 給孤獨園하사 與 大比丘衆 千二百五十人으로 俱하시다. 爾時에 世尊이 食時에 著衣持鉢하시고 入 舍衛大城하사 乞食하실제, 於其城中에 次第乞已하시고 還至本處하사 飯食訖하시고 收衣鉢하시고 洗足已하시고 敷座而坐하시다.

❀ 善現起請分 第二

時에 長老須菩提 在 大衆中하여, 卽從座起하고 偏袒右肩하고 右膝著地하고 合掌恭敬하여 而白佛言하되, 希有世尊하. 如來 善護念 諸菩薩하시며 善付囑 諸菩薩하시나이다. 世尊하, 善男子 善女人이 發 阿耨多羅三藐三菩提心하면 應 云何住며 云何 降伏其心하리까?

佛言하시되, 善哉善哉라 須菩提야. 如汝所說하여 如來 善護念 諸菩薩하시며 善付囑 諸菩薩하시느니라. 汝今諦聽하라 當爲汝說하리라. 善男子 善女人이 發 阿耨多羅 三藐三菩提心하면, 應 如是住며 如是降伏其心이니라. 唯然이니다 世尊하. 願樂欲聞하나이다.

❀ 大乘正宗分 第三

佛告 須菩提하시되, 諸菩薩摩訶薩이 應 如是降伏其心이니, 所有 一切 衆生之類에 若卵生 若胎生 若濕生 若化生 若有色 若無色 若有想 若無想 若 非有想非無想을 我 皆 令入 無餘涅槃하여 而滅度之하리라 하라. 如是滅度 無量無數無邊 衆生하되 實無衆生이 得 滅度者니라. 何以故오 須菩提야, 若菩薩이 有 我相 人相 衆生相 壽者相이면 卽非菩薩이니라.

❀ 妙行無住分 第四

復次 須菩提야. 菩薩은 於法에 應 無所住하여 行於布施니. 所謂 不住色 布施며 不住聲香味觸法 布施니라. 須菩提야. 菩薩은 應 如是布施하여 不住於相이니,

何以故ᄋ 若 菩薩이 不住相布施하면 其福德은 不可

思量하리라. 須菩提야 於意云何ᄋ. 東方虛空을 可 思

量不아? 不也니다 世尊하. 須菩提야. 南西北方 四維

上下 虛空을 可 思量不아? 不也니다 世尊하. 須菩提

야. 菩薩의 無住相布施 福德이 亦復如是하여 不可思

量이니라. 須菩提야. 菩薩은 但應 如所敎 住니라.

❀ 如理實見分 第五

須菩提야 於意云何ᄋ. 可以身相으로 見 如來不아? 不

也니다 世尊하. 不可以身相으로 得見如來니. 何以故ᄋ

如來 所說身相이 卽非身相이니다. 佛告 須菩提하시되.

　凡 所有相은 皆是虛妄이라

　若 見 諸相이 非相이면 則見 如來니라.

❀ 正信希有分 第六

須菩提 白佛言하되. 世尊하. 頗有衆生이 得聞 如是 言

說章句하고 生 實信不이까? 佛告 須菩提하시되. 莫作是

說하라. 如來滅後 後五百歲에. 有 持戒修福者 於此

章句에. 能生信心하여 以此爲實하리니. 當知하라. 是人은

不 於 一佛二佛三四五佛께 而種善根이요, 已於 無
量千萬佛所에 種 諸善根하여, 聞是章句하고 乃至 一
念이라도 生 淨信者니라. 須菩提야, 如來 悉知悉見하시니,
是諸衆生이 得 如是無量福德이니라. 何以故오 是諸衆
生은 無復 我相 人相 衆生相 壽者相이며, 無法相이며
亦無非法相이니라. 何以故오 是諸衆生이 若 心取相하면
則爲着 我 人 衆生 壽者며, 若 取法相하여도 卽着 我
人 衆生 壽者니, 何以故오 若 取非法相하여도 卽着
我 人 衆生 壽者니라. 是故로 不應 取法이며 不應 取
非法이니, 以是義故로 如來常說하시되, 汝等比丘는 知我
說法을 如筏喻者니 法尚應捨은 何況非法이랴.

❀ 無得無說分 第七

須菩提야 於意云何오. 如來 得 阿耨多羅三藐三菩
提耶아? 如來有 所說法耶아? 須菩提言하되, 如我解
佛所說義로는 無有定法을 名 阿耨多羅三藐三菩提
며, 亦 無有定法을 如來可說이니, 何以故오 如來 所
說法은 皆 不可取며 不可說이며 非法이며 非非法이니다.

所以者何오. 一切賢聖이 皆 以無爲法에 而有差別이
시니다.

❀ 依法出生分 第八

須菩提야 於意云何오. 若 人이 滿 三千大千世界 七
寶로 以用布施하면, 是人의 所得福德이 寧爲多不아? 須
菩提言하되, 甚多니다 世尊하. 何以故오 是福德이 卽非
福德性이니 是故로 如來說 福德多니다. 若 復 有人이
於此經中에 受持 乃至 四句偈等하여 爲他人説하면 其
福이 勝彼니. 何以故오 須菩提야. 一切諸佛과 及諸佛
의 阿耨多羅三藐三菩提法이 皆 從此經 出이니라. 須
菩提야. 所謂 佛法者는 卽非佛法이니라.

❀ 一相無相分 第九

須菩提야 於意云何오. 須陁洹이 能作是念하되 我得
須陁洹果不아? 須菩提言하되, 不也니다 世尊하. 何以
故오 須陁洹은 名爲入流로되 而無所入하여 不入 色聲
香味觸法하니 是名 須陁洹이니다. 須菩提야 於意云何
오. 斯陁含이 能作是念하되 我得 斯陁含果不아? 須菩

提言하되, 不也니다 世尊하. 何以故오 斯陀含은 名이 一往來로되 而實無往來하니 是名 斯陀含이니다. 須菩提야 於意云何오. 阿那含이 能作是念하되 我得 阿那含果不아? 須菩提言하되, 不也니다 世尊하. 何以故오 阿那含은 名爲不來로되 而實無不來하니 是故로 名 阿那含이니다. 須菩提야 於意云何오. 阿羅漢이 能作是念하되 我得 阿羅漢道不아? 須菩提言하되, 不也니다 世尊하. 何以故오 實無有法을 名 阿羅漢이니다. 世尊하, 若 阿羅漢이 作是念하되, 我得 阿羅漢道라하면 即爲着 我 人 衆生 壽者니다. 世尊하, 佛説하시되 我 得 無諍三昧人中에 最爲第一이라하시면 是 第一離欲阿羅漢이니다. 我 不作是念하되 我是 離欲阿羅漢이니다. 世尊하, 我 若 作是念하되 我得 阿羅漢道라하면, 世尊 則 不説, 須菩提 是 樂 阿蘭那行者라하시련만, 以 須菩提가 實無所行이니 而名 須菩提 是 樂 阿蘭那行이라하시니다.

❀ 莊嚴淨土分 第十

佛告 須菩提하시되, 於意云何오. 如來 昔在 然燈佛所

에 於法에 有所得不아? 不也니다 世尊하. 如來 在 然燈

佛所에 於法에 實無所得이시니다. 須菩提야 於意云何오.

菩薩이 莊嚴佛土不아? 不也니다 世尊하. 何以故오 莊嚴

佛土者는 則非莊嚴이니 是名莊嚴이니다. 是故로 須菩提

야, 諸菩薩摩訶薩이 應 如是生清淨心하되,

　　不應 住色 生心이며 不應 住聲香味觸法 生心이니,

　　應 無所住하여 而生其心이니라.

須菩提야. 譬如有人이 身如 須彌山王하면 於意云何

오, 是身이 爲大不아? 須菩提言하되, 甚大니다 世尊하. 何

以故오 佛說非身이니 是名大身이니다.

❀ 無爲福勝分 第十一

須菩提야. 如 恒河中에 所有沙數 如是沙等恒河를

於意云何오. 是諸恒河沙가 寧爲多不아? 須菩提言하

되, 甚多니다 世尊하. 但諸恒河도 尚多無數은 何況其沙

리까. 須菩提야, 我今에 實言으로 告汝하니, 若 有 善男子

善女人이 以七寶로 滿 爾所 恒河沙數 三千大千世

界하여 以用布施하면, 得福이 多不아? 須菩提言하되, 甚

多니다 世尊하. 佛告 須菩提하시되, 若 善男子 善女人이

於此經中에 乃至 受持 四句偈等하여 爲他人說하면 而

此福德은 勝前福德하리라.

❀ 尊重正教分 第十二

復次 須菩提야. 隨說是經하되 乃至 四句偈等하면, 當

知하라. 此處는 一切世間의 天 人 阿修羅가 皆應 供

養을 如佛塔廟커늘, 何況 有人이 盡能 受持讀誦이랴.

須菩提야. 當知하라. 是人은 成就 最上第一希有之

法하고, 若 是經典 所在之處는 則爲有佛커니 若 尊

重弟子니라.

❀ 如法受持分 第十三

爾時에 須菩提 白佛言하되, 世尊하, 當 何名此經이며

我等이 云何奉持하리까? 佛告 須菩提하시되, 是經은 名

爲 金剛般若波羅蜜이니 以是名字로 汝當奉持하라. 所

以者何오 須菩提야. 佛說 般若波羅蜜이 則非般若波

羅蜜이니 是名 般若波羅蜜이니라. 須菩提야 於意云何

오. 如來有 所說法不아? 須菩提 白佛言하되, 世尊하,

如來 無所說이시니다. 須菩提야 於意云何오. 三千大千世界 所有微塵이 是爲多不아? 須菩提言하되, 甚多니다 世尊하. 須菩提야, 諸微塵이 如來說 非微塵이니 是名微塵이며, 如來說 世界도 非世界니 是名世界니라. 須菩提야 於意云何오, 可以 三十二相으로 見 如來不아? 不也니다 世尊하. 不可以 三十二相으로 得見如來니, 何以故오 如來說 三十二相이 卽是非相이니 是名 三十二相이니다. 須菩提야, 若 有 善男子 善女人이 以 恒河沙等 身命으로 布施하고, 若 復 有人이 於此經中에 乃至 受持 四句偈等하여 爲他人說하면 其福이 甚多니라.

❀ 離相寂滅分 第十四

爾時에 須菩提 聞 說是經하고 深解義趣하고 涕淚悲泣하여 而白佛言하되, 希有世尊하. 佛說 如是 甚深經典하심을 我從昔來에 所得慧眼으로는 未曾得聞 如是之經이니다. 世尊하, 若 復 有人이 得聞是經하고 信心이 清淨하여 則生實相하면, 當知, 是人은 成就 第一希有功德이니다. 世尊하, 是實相者는 則是非相이니 是故로 如來

說名 實相이니다. 世尊하, 我今에 得聞 如是經典하고 信解受持는 不足爲難이나, 若 當來世 後五百歲에 其有衆生이 得聞是經하고 信解受持하면 是人은 則爲第一希有니, 何以故오. 此人은 無我相 無人相 無衆生相 無壽者相이니다. 所以者何오. 我相이 即是非相이며 人相 衆生相 壽者相이 即是非相이니, 何以故오. 離 一切諸相하면 則名諸佛이니다. 佛告 須菩提하시되, 如是如是니라. 若 復 有人이 得聞是經하고 不驚不怖不畏하면, 當知하라. 是人은 甚爲希有니, 何以故오. 須菩提야, 如來說 第一波羅蜜이 即非第一波羅蜜이니 是名 第一波羅蜜이니라. 須菩提야, 忍辱波羅蜜도 如來說 非忍辱波羅蜜이니라. 何以故오. 須菩提야, 如我昔 爲歌利王에 割截身體할제, 我於爾時에 無我相 無人相 無衆生相 無壽者相이니, 何以故오. 我於往昔 節節支解時에 若 有 我相 人相 衆生相 壽者相이면 應生瞋恨하리라. 須菩提야, 又念하니, 過去於 五百世에 作 忍辱仙人할제, 於爾所世에 無我相 無人相 無衆生相

無壽者相이니라. 是故로 須菩提야. 菩薩은 應離一切相

하고 發 阿耨多羅三藐三菩提心이니, 不應 住色 生心

이며 不應 住聲香味觸法 生心이며 應生無所住心이니

라. 若 心有住면 則爲非住니, 是故로 佛說하시되 菩薩은

心 不應 住色 布施니라. 須菩提야. 菩薩은 爲利益 一

切衆生하여 應 如是布施니라. 如來說 一切諸相이 卽

是非相이며, 又說 一切衆生이 則非衆生이니라. 須菩提

야. 如來는 是 眞語者며 實語者며 如語者며 不誑語者

며 不異語者시니라. 須菩提야. 如來 所得法은 此法이 無

實無虛니라. 須菩提야. 若菩薩이 心住於法하고 而行布

施하면 如人이 入闇에 則無所見이요. 若菩薩이 心不住

法하고 而行布施하면 如人이 有目 하고 日光이 明照하여 見

種種色이니라. 須菩提야. 當來之世에 若 有 善男子 善

女人이 能於此經을 受持讀誦하면, 則爲如來 以佛智

慧로 悉知是人하시며 悉見是人하시니, 皆得成就 無量

無邊 功德이니라.

✿ 持經功德分 第十五

須菩提야. 若 有 善男子 善女人이 初日分에 以恒河
沙等 身으로 布施하고, 中日分에 復 以恒河沙等 身으로
布施하고, 後日分에 亦 以恒河沙等 身으로 布施하여, 如
是 無量百千萬億劫에 以身 布施하여도, 若 復 有人
이 聞此經典하고 信心不逆하면 其福이 勝彼니, 何況 書
寫受持讀誦하여 爲人解說이라. 須菩提야. 以要言之하
면 是經이 有 不可思議 不可稱量 無邊功德이니, 如
來 爲 發大乘者 說이시며 爲 發最上乘者 說이시니라.
若 有人이 能 受持讀誦하여 廣爲人說하면, 如來 悉知
是人하시며 悉見是人하시니, 皆得成就 不可量 不可
稱 無有邊 不可思議 功德하고, 如是人等은 則爲荷
擔 如來의 阿耨多羅三藐三菩提니라. 何以故오 須菩
提야. 若 樂 小法者는 着 我見 人見 衆生見 壽者見
이니, 則於此經을 不能 聽受讀誦하여 爲人解說이니라.
須菩提야. 在在處處에 若 有此經이면 一切世間의 天
人 阿修羅가 所應供養하리니, 當知하라. 此處는 則爲是
塔이라. 皆應 恭敬 作禮圍繞하고 以諸華香으로 而散

其處니라.

❀ 能淨業障分 第十六

復次 須菩提야. 善男子 善女人이 受持讀誦 此經하되 若 爲人輕賤하면, 是人은 先世罪業으로 應墮惡道련마는, 以 今世人의 輕賤故로 先世罪業을 則爲消滅하고 當得 阿耨多羅三藐三菩提니라. 須菩提야 我念하니, 過去 無量阿僧祇劫을 於然燈佛 (以)前에 得値 八百四千 萬億 那由他 諸佛하고 悉皆 供養承事하여 無 空過者니라. 若 復 有人이 於後末世에 能 受持讀誦 此經하면, 所得功德은 於 我所供養 諸佛功德으로는 百分에 不及一이며 千萬億分 乃至 算數譬喩로도 所不能及이니라. 須菩提야. 若 善男子 善女人이 於後末世에 有 受持 讀誦 此經하면, 所得功德을 我若具說者인데는, 或有人이 聞하고 心則狂亂하여 狐疑不信하리라. 須菩提야. 當知하라. 是經은 義가 不可思議니 果報도 亦 不可思議니라.

❀ 究竟無我分 第十七

爾時에 須菩提 白佛言하되, 世尊하. 善男子 善女人이

發 阿耨多羅三藐三菩提心하면 云何應住며 云何降

伏其心하리까? 佛告 須菩提하시되, 若 善男子 善女人이

發 阿耨多羅三藐三菩提心者면 當生如是心하되, 我

應 滅度 一切衆生하리라하라. 滅度 一切衆生已라도 而

無有 一衆生이 實 滅度者니, 何以故오 須菩提야, 若

菩薩이 有 我相 人相 衆生相 壽者相이면 則非菩薩

이니라. 所以者何오 須菩提야, 實無有法이니 發 阿耨多

羅三藐三菩提心者니라. 須菩提야 於意云何오, 如來

於然燈佛所에 有法하여 得 阿耨多羅三藐三菩提不

아? 不也니다 世尊하. 如我解 佛所說義로는 佛이 於然

燈佛所에 無有法하여 得 阿耨多羅三藐三菩提니다. 佛

言하시되, 如是如是니라 須菩提야, 實無有法이니 如來 得

阿耨多羅三藐三菩提니라. 須菩提야, 若 有法하여 如

來 得 阿耨多羅三藐三菩提者라면, 然燈佛이 則 不

與我受記하시되, 汝於來世에 當得作佛하되 號를 釋迦

牟尼라하리라. 以 實無有法하여 得 阿耨多羅三藐三菩

提니, 是故로 然燈佛이 與我受記하시고 作是言하시되, 汝

於來世에 當得作佛하되 號를 釋迦牟尼라하시니라. 何以故오 如來者는 即 諸法에 如義니라. 若 有人이 言하되, 如來 得 阿耨多羅三藐三菩提라하면, 須菩提야, 實無有法이니 佛이 得 阿耨多羅三藐三菩提니라. 須菩提야, 如來所得 阿耨多羅三藐三菩提는 於是中이 無實無虛니라. 是故로 如來說 一切法이 皆是佛法이니라. 須菩提야, 所言 一切法者는 即非一切法이니 是故로 名 一切法이니라. 須菩提야, 譬如人身이 長大니라. 須菩提言하되, 世尊하, 如來說 人身長大는 則爲非大身이니 是名大身이니다. 須菩提야, 菩薩도 亦如是하여 若 作是言하되, 我 當滅度 無量衆生하리라하면 則 不名菩薩이니, 何以故오 須菩提야, 實無有法을 名爲菩薩이니라. 是故로 佛說 一切法이 無我 無人 無衆生 無壽者니라. 須菩提야, 若菩薩이 作是言하되, 我 當莊嚴佛土라하면 是 不名菩薩이니, 何以故오 如來說 莊嚴佛土者는 即非莊嚴이니 是名莊嚴이니라. 須菩提야, 若菩薩이 通達無我法者이면 如來 說名 眞是菩薩이니라.

須菩提야 於意云何오. 如來有 肉眼不아? 如是니다 世
尊하. 如來有 肉眼이시니다. 須菩提야 於意云何오. 如來
有 天眼不아? 如是니다 世尊하. 如來有 天眼이시니다. 須
菩提야 於意云何오. 如來有 慧眼不아? 如是니다 世尊
하. 如來有 慧眼이시니다. 須菩提야 於意云何오. 如來有
法眼不아? 如是니다 世尊하. 如來有 法眼이시니다. 須菩
提야 於意云何오. 如來有 佛眼不아? 如是니다 世尊하.
如來有 佛眼이시니다. 須菩提야 於意云何오. 如恒河中
所有沙를 佛說是沙不아? 如是니다 世尊하. 如來說是
沙니다. 須菩提야 於意云何오. 如 一恒河中 所有沙에
有 如是沙等 恒河하고 是諸恒河의 所有沙數 佛世界
면 如是가 寧爲多不아? 甚多니다 世尊하. 佛告 須菩提하
시되, 爾所 國土中 所有衆生의 若干種心을 如來悉知
하시니, 何以故오 如來說 諸心이 皆爲非心이니 是名爲心
이니라. 所以者何오 須菩提야, 過去心 不可得이며 現在
心 不可得이며 未來心 不可得이니라.

❀ 法界通化分 第十九

須菩提야 於意云何오. 若 有人이 滿 三千大千世界 七寶로 以用布施하면, 是人이 以是因緣으로 得福이 多不아? 如是니다 世尊하. 此人은 以是因緣으로 得福이 甚多니다. 須菩提야. 若 福德이 有實이면 如來不說 得 福德多라하시련만, 以 福德이 無故로 如來說 得 福德多라하시니라.

❀ 離色離相分 第二十

須菩提야 於意云何오. 佛을 可以具足色身으로 見不아? 不也니다 世尊하. 如來를 不應 以具足色身으로 見이니, 何以故오 如來說 具足色身은 卽非具足色身이니 是名 具足色身이니다. 須菩提야 於意云何오. 如來를 可以具足諸相으로 見不아? 不也니다 世尊하. 如來를 不應 以具足諸相으로 見이니, 何以故오 如來說 諸相具足은 卽非具足이니 是名 諸相具足이니다.

❀ 非說所說分 第二十一

須菩提야. 汝勿謂, 如來作是念하되 我 當有所說法하

라. 莫作是念이니, 何以故오 若 人이 言 如來有 所說

法이라하면 即爲謗佛이며 不能解 我所說故니라. 須菩提

야, 說法者는 無法可說이 是名說法이니라. 爾時에 慧命

須菩提 白佛言하되, 世尊하, 頗有衆生이 於未來世에

聞說是法하고 生 信心不이까? 佛言하시되, 須菩提야, 彼

非衆生이며 非不衆生이니, 何以故오 須菩提야, 衆生

衆生者는 如來說 非衆生이니 是名衆生이니라.

❀ 無法可得分 第二十二

須菩提 白佛言하되, 世尊하, 佛이 得 阿耨多羅三藐三

菩提가 爲無所得耶니까? 佛言하시되, 如是如是니라. 須

菩提야, 我 於 阿耨多羅三藐三菩提에 乃至 無有少

法 可得이니 是名 阿耨多羅三藐三菩提니라.

❀ 淨心行善分 第二十三

復次 須菩提야, 是法이 平等하여 無有高下니 是名 阿

耨多羅三藐三菩提니라. 以 無我 無人 無衆生 無壽

者하고 修 一切善法하면 則得 阿耨多羅三藐三菩提니

라. 須菩提야, 所言 善法者는 如來說 即非善法이니 是

名善法이니라.

※ 福智無比分 第二十四

須菩提야. 若 三千大千世界中에 所有諸須彌山王 如是等 七寶聚로 有人이 持用布施하고. 若 人이 以此 般若波羅蜜經 乃至 四句偈等을 受持讀誦하고 爲他人說하면. 於前福德은 百分에 不及一이며 百千萬億分 乃至 算數譬喩로도 所不能及이니라.

※ 化無所化分 第二十五

須菩提야 於意云何오. 汝等은 勿謂. 如來 作 是念하되 我 當度衆生하라. 須菩提야. 莫作是念이니. 何以故오 實無有衆生을 如來度者니라. 若 有衆生을 如來度者라하면 如來도 則有 我 人 衆生 壽者니라. 須菩提야. 如來說 有我者는 則非有我이나 而 凡夫之人이 以爲有我하느니라. 須菩提야. 凡夫者는 如來說 則非凡夫니 是名凡夫니라.

※ 法身非相分 第二十六

須菩提야 於意云何오. 可以 三十二相으로 觀 如來不

아? 須菩提言하되, 如是如是니다. 以三十二相으로 觀 如

來니다. 佛言하시되, 須菩提야, 若 以三十二相으로 觀 如

來者라하면 轉輪聖王이 則是如來니라. 須菩提 白佛言하

되, 世尊하, 如我解 佛所說義로는 不應 以三十二相으

로 觀 如來니다. 爾時에 世尊이 而說偈言하시되,

　　若 以色 見我거나 以音聲 求我하면

　　是人은 行邪道라 不能見 如來니라.

❀ 無斷無滅分 第二十七

須菩提야, 汝 若 作是念하되 如來 不以 具足相故로

得 阿耨多羅三藐三菩提아? 須菩提야, 莫作是念하라.

如來 不以 具足相故로 得 阿耨多羅三藐三菩提니라.

須菩提야, 汝 若 作是念하되, 發 阿耨多羅三藐三菩

提心者는 說 諸法에 斷滅相가? 莫作是念하라. 何以故

오 發 阿耨多羅三藐三菩提心者는 於法에 不說 斷滅

相이니라.

❀ 不受不貪分 第二十八

須菩提야, 若菩薩이 以 滿 恒河沙等世界 七寶로 持

用布施하고, 若 復 有人이 知 一切法無我하여 得成於

忍하면, 此菩薩은 勝前菩薩의 所得功德이니, 何以故

오 須菩提야, 以 諸菩薩이 不受福德故니라. 須菩提 白

佛言하되, 世尊하, 云何菩薩이 不受福德하나이까? 須菩提

야, 菩薩이 所作福德을 不應貪着하니 是故로 說 不受

福德하나니라.

✿ 威儀寂靜分 第二十九

須菩提야, 若 有人이 言하되 如來 若來 若去 若坐 若

臥라하면, 是人은 不解 我所說義니, 何以故오 如來者는

無所從來며 亦無所去하니 故名如來니라.

✿ 一合理相分 第三十

須菩提야, 若 善男子 善女人이 以 三千大千世界

를 碎爲微塵하면 於意云何오. 是微塵衆이 寧爲多不아?

甚多니다 世尊하. 何以故오 若 是微塵衆이 實有者라면

佛이 則不說 是微塵衆이니다. 所以者何오, 佛說 微塵

衆이 則非微塵衆이니 是名微塵衆이니다. 世尊하, 如來

所說 三千大千世界도 則非世界니 是名世界니다. 何

以故오 若 世界가 實有者라면 則是一合相이나, 如來說
一合相은 則非一合相이니 是名一合相이니다. 須菩提
야, 一合相者는 則是不可說이나 但 凡夫之人이 貪着
其事니라.

❀ 知見不生分 第三十一

須菩提야, 若 人이 言하되, 佛說 我見 人見 衆生見
壽者見이라하면, 須菩提야 於意云何오, 是人이 解 我所
說義不아? 不也니다 世尊하. 是人은 不解 如來所說義
니, 何以故오 世尊說 我見 人見 衆生見 壽者見은 卽
非 我見 人見 衆生見 壽者見이니 是名 我見 人見
衆生見 壽者見이니다. 須菩提야, 發 阿耨多羅三藐三
菩提心者는 於一切法에 應 如是知며 如是見이며 如是
信解하여 不生法相이니라. 須菩提야, 所言 法相者는 如
來說 卽非法相이니 是名法相이니라.

❀ 應化非眞分 第三十二

須菩提야, 若 有人이 以 滿 無量阿僧祇世界 七寶로
持用布施하고, 若 有 善男子 善女人이 發 菩薩心者

持於此經 乃至 四句偈等을 受持讀誦하고 爲人演説

하면, 其福이 勝彼니. 云何 爲人演説가. 不取於相하여

如如不動이니라. 何以故오

　一切 有爲法은 如夢幻泡影이며

　如露 亦如電이니 應作如是觀이니라.

佛説 是經已하시니 長老須菩提와 及諸 比丘 比丘尼

優婆塞 優婆夷와 一切世間의 天 人 阿修羅가 聞佛

所説하고 皆大歡喜하여 信受奉行하니라.

金剛般若波羅蜜經 終

금강반야바라밀경

金 剛 般 若 波 羅 蜜 經

한없이 깊고 미묘한 이 진리의 말씀은

백천만 겁을 지나도 만나기 어렵네

내 지금 이 말씀 듣고 받아 가졌으니

부처님의 밝은 뜻 받들어 시봉 잘하기를 발원

無	上	甚	深	微	妙	法
百	千	萬	劫	難	遭	遇
我	今	聞	見	得	受	持
願	解	如	來	眞	實	義

금강반야바라밀경
金剛般若波羅蜜經

요진 삼장법사 구마라집 봉조역
姚秦 三藏法師 鳩摩羅什 奉詔譯

❀ 법회인유분 제일
法會因由分

여시아문하사오니, 일시에 불이 재 사위국 기수 급고독원
如是我聞　　　一時　佛　在 舍衛國 祇樹 給孤獨園

하사 여 대비구중 천이백오십인으로 구하시다. 이시에 세존
與 大比丘衆 千二百五十人　　俱　　　爾時　世尊

이 식시에 착의지발하시고 입 사위대성하사 걸식하실제, 어기
食時　著衣持鉢　　入 舍衛大城　乞食　　於其

성중에 차제걸이하시고 환지본처하사 반사흘하시고 수의발
城中　次第乞已　　還至本處　飯食訖　　收衣鉢

하시고 세족이하시고 부좌이좌하시다.
洗足已　敷座而坐

❀ 선현기청분 제이
善現起請分

시에 장로수보리 재 대중중하여, 즉종좌기하고 편단우
時　長老須菩提 在 大衆中　　即從座起　偏袒右

견하고 우슬착지하고 합장공경하여 이백불언하되, 희유세
肩　　右膝著地　　　合掌恭敬　　　而白佛言　　希有世

존하, 여래 선호념 제보살하시며 선부촉 제보살하시나이
尊　如來善護念　諸菩薩　　　善付囑　諸菩薩

다. 세존하, 선남자 선여인이 발 아누다라삼먁삼보리
世尊　善男子善女人　　發阿耨多羅三藐三菩提

심하면 응 운하주며 운하 항복기심하리까? 불언하시되, 선
心　　應云何住　云何降伏其心　　　佛言　　善

재선재라 수보리야, 여여소설하여 여래 선호념 제보살
哉善哉　須菩提　如汝所説　　如來善護念　諸菩薩

하시며 선부촉 제보살하시느니라. 여금체청하라 당위여설
善付囑　諸菩薩　　　　　汝今諦聽　　當爲汝説

하리라. 선남자 선여인이 발 아누다라삼먁삼보리심하
善男子 善女人　　發阿耨多羅三藐三菩提心

면, 응 여시주며 여시항복기심이니라. 유연이다 세존하. 원
應如是住　如是降伏其心　　　唯然　　世尊　願

락욕문하나이다.
樂欲聞

❀ 대승정종분 제삼
大乘正宗分

불고 수보리하시되, 제보살마하살이 응 여시항복기심
佛告 須菩提　　　諸菩薩摩訶薩　應如是降伏其心

이니, 소유 일체 중생지류에 약난생 약태생 약습생 약
所有 一切 衆生之類　若卵生 若胎生 若濕生 若

화생 약유색 약무색 약유상 약무상 약 비유상비무
化生 若有色 若無色 若有想 若無想 若 非有想非無

상을 아 개 영입 무여열반하여 이멸도지하리라하라. 여시
想 我 皆 令入 無餘涅槃 而滅度之 如是

멸도 무량무수무변 중생하되 실무중생이 득 멸도자
滅度 無量無數無邊 衆生 實無衆生 得 滅度者

니라. 하이고오 수보리야. 약 보살이 유 아상 인상 중생
何以故 須菩提 若菩薩 有我相人相衆生

상 수자상이면 즉비보살이니라.
相壽者相 卽非菩薩

❀ 묘행무주분 제사
妙行無住分

부차 수보리야. 보살은 어법에 응 무소주하여 행어보시
復次 須菩提 菩薩 於法 應無所住 行於布施

니. 소위 부주색 보시며 부주성향미촉법 보시니라. 수보
所謂 不住色 布施 不住聲香味觸法布施 須菩

리야. 보살은 응 여시보시하여 부주어상이니. 하이고오 약
提 菩薩 應如是布施 不住於相 何以故 若

보살이 부주상보시하면 기복덕은 불가사량하리라. 수보리
菩薩 不住相布施 其福德 不可思量 須菩提

야 어의운하오. 동방허공을 가 사량부아? 불야다 세존
於意云何 東方虛空 可思量不 不也 世尊

하. 수보리야. 남서북방 사유상하 허공을 가 사량부아? 불
須菩提 南西北方 四維上下 虛空 可思量不 不

야니다 세존하. 수보리야, 보살의 무주상보시 복덕이 역
也　　世尊　　須菩提　　菩薩　　無住相布施福德　亦

부여시하여 불가사량이니라. 수보리야, 보살은 단응여소교
復如是　　不可思量　　須菩提　菩薩　但應如所敎

주니라.
住

※ 여리실견분 제오
　　如理實見分

수보리야 어의운하오. 가이신상으로 견 여래부아? 불야니
須菩提　於意云何　可以身相　見如來不　　不也

다 세존하. 불가이신상으로 득견여래니, 하이고오 여래 소
　世尊　不可以身相　得見如來　何以故　如來所

설신상이 즉비신상이니다. 불고 수보리하시되,
說身相　即非身相　　佛告須菩提

　범 소유상은 개시허망이라
　　凡所有相　皆是虛妄

　약 견 제상이 비상이면 즉견여래니라.
　　若見諸相　非相　　則見如來

※ 정신희유분 제육
　　正信希有分

수보리 백불언하되, 세존하, 파유중생이 득문 여시 언설
須菩提　白佛言　　世尊　頗有衆生　得聞如是言說

장구하고 생 실신부이까? 불고 수보리하시되, 막작시설하
章句　　生實信不　　佛告須菩提　　莫作是說

라. 여래멸후 후오백세에, 유 지계수복자 어차장구에, 능
如來滅後 後五百歲 有持戒修福者 於此章句 能

생신심하여 이차위실하리니, 당지하라, 시인은 불 어 일불이
生信心 以此爲實 當知 是人 不於一佛二

불삼사오불께 이종선근이요, 이어 무량천만불소에 종 제
佛三四五佛 而種善根 已於 無量千萬佛所 種諸

선근하여, 문시장구하고 내지 일념이라도 생 정신자니라. 수
善根 聞是章句 乃至 一念 生淨信者 須

보리야, 여래 실지실견하시니, 시제중생이 득 여시무량
菩提 如來悉知悉見 是諸衆生 得 如是無量

복덕이니라. 하이고오 시제중생은 무부 아상 인상 중생
福德 何以故 是諸衆生 無復我相人相衆生

상 수자상이며, 무법상이며 역무비법상이니라. 하이고오 시
相壽者相 無法相 亦無非法相 何以故 是

제중생이 약 심취상하면 즉위착 아 인 중생 수자며, 약
諸衆生 若 心取相 則爲着我人衆生壽者 若

취법상하여도 즉착 아 인 중생 수자니, 하이고오 약 취비
取法相 卽着我人衆生壽者 何以故 若 取非

법상하여도 즉착 아 인 중생 수자니라. 시고로 불응 취법이
法相 卽着我人衆生壽者 是故 不應取法

며 불응 취비법이니, 이시의고로 여래상설하시되, 여등비구
不應取非法 以是義故 如來常説 汝等比丘

는 지아설법을 여 벌유자니 법상응사온 하황비법이랴.
知我説法 如筏喻者 法尚應捨 何況非法

❀ 무득무설분 제칠
無得無說分

수보리야 **어의운하**오. **여래 득 아누다라삼먁삼보리**야
須菩提 於意云何 如來得 阿耨多羅三藐三菩提耶

아? **여래유 소설법**야아? **수보리언**하되, **여아해 불소설의**
如來有 所說法耶 須菩提言 如我解佛所說義

로는 **무유정법**을 **명 아누다라삼먁삼보리**며, **역 무유정**
無有定法 名阿耨多羅三藐三菩提 亦無有定

법을 **여래가설**이니, **하이고**오 **여래 소설법**은 **개 불가취**
法 如來可說 何以故 如來所說法 皆 不可取

며 **불가설**이며 **비법**이며 **비비법**이니다. **소이자하**오, **일체현성**
不可說 非法 非非法 所以者何 一切賢聖

이 **개 이무위법**에 **이유차별**이시니다.
皆 以無爲法 而有差別

❀ 의법출생분 제팔
依法出生分

수보리야 **어의운하**오. **약 인**이 **만 삼천대천세계 칠보**
須菩提 於意云何 若 人 滿 三千大千世界七寶

로 **이용보시**하면, **시인**의 **소득복덕**이 **영위다부**아? **수보리**
以用布施 是人 所得福德 寧爲多不 須菩提

언하되, **심다**니다 **세존**하. **하이고**오 **시복덕**이 **즉비복덕성**이
言 甚多 世尊 何以故 是福德 卽非福德性

니 **시고**로 **여래설 복덕다**니다. **약 부유인**이 **어차경중**에 **수**
是故 如來說福德多 若復有人 於此經中 受

지 내지 사구게등하여 위타인설하면 기복이 승피니, 하이
持 乃至 四句偈等 爲他人說 其福 勝彼 何以

고오 수보리야. 일체제불과 급제불의 아누다라삼먁삼
故 須菩提 一切諸佛 及諸佛 阿耨多羅三藐三

보리법이 개 종차경출이니라. 수보리야. 소위 불법자는 즉
菩提法 皆 從此經出 須菩提 所謂佛法者 卽

비불법이니라.
非佛法

※ 일상무상분 제구
一相無相分

수보리야 어의운하오. 수다원이 능작시념하되 아득 수
須菩提 於意云何 須陁洹 能作是念 我得 須

다원과부아? 수보리언하되, 불야니다 세존하. 하이고오 수
陁洹果不 須菩提言 不也 世尊 何以故 須

다원은 명위입류로되 이무소입하여 불입 색성향미촉법하
陁洹 名爲入流 而無所入 不入 色聲香味觸法

니 시명 수다원이니다. 수보리야 어의운하오. 사다함이 능작
是名 須陁洹 須菩提 於意云何 斯陁含 能作

시념하되 아득 사다함과부아? 수보리언하되, 불야니다 세
是念 我得斯陁含果不 須菩提言 不也 世

존하. 하이고오 사다함은 명이 일왕래로되 이실무왕래하
尊 何以故 斯陁含 名 一往來 而實無往來

니 시명 사다함이니다. 수보리야 어의운하오. 아나함이 능
是名斯陁含 須菩提 於意云何 阿那含 能

작시념하되 아득 아나함과부아? 수보리언하되, 불야니
作是念　我得 阿那含果不　須菩提言　　不也

다 세존하. 하이고오 아나함은 명위불래로되 이실무불래
世尊　何以故 阿那含 名爲不來　而實無不來

하니 시고로 명 아나함이니다. 수보리야 어의운하오. 아라한
是故　名阿那含　　須菩提　於意云何　阿羅漢

이 능작시념하되 아득 아라한도부아? 수보리언하되, 불
能作是念　我得 阿羅漢道不　須菩提言　不

야니다 세존하. 하이고오 실무유법을 명 아라한이니다. 세
也　世尊　何以故 實無有法　名阿羅漢　　世

존하. 약 아라한이 작시념하되, 아득 아라한도라하면 즉위
尊　若 阿羅漢 作是念　我得 阿羅漢道　　即爲

착 아 인 중생 수자니다. 세존하, 불설하시되 아 득 무쟁
着我人衆生壽者　世尊　佛說　　我 得 無諍

삼매인중에 최위제일이라하시면 시 제일이욕아라한이니
三昧人中 最爲第一　　是 第一離欲阿羅漢

다. 아 부작시념하되 아시 이욕아라한이니다. 세존하, 아 약
我 不作是念　我是 離欲阿羅漢　　世尊　我若

작시념하되 아득 아라한도라하면 세존 즉 불설, 수보
作是念　我得 阿羅漢道　　世尊則 不說　須菩

리 시 락 아란나행자라하시련만, 이 수보리가 실무소행이
提是樂 阿蘭那行者　　以須菩提 實無所行

니 이명 수보리 시 락 아란나행이라하시니다.
而名須菩提是樂 阿蘭那行

장엄정토분 제십
莊嚴淨土分

불고 수보리하시되, 어의운하오. 여래 석재 연등불소
佛告 須菩提 於意云何 如來 昔在 然燈佛所

에 어법에 유소득부아? 불야다 세존하. 여래 재 연등불
於法 有所得不 不也 世尊 如來 在然燈佛

소에 어법에 실무소득이시다. 수보리야 어의운하오. 보살
所 於法 實無所得 須菩提 於意云何 菩薩

이 장엄불토부아? 불야다 세존하. 하이고오 장엄불토자
莊嚴佛土不 不也 世尊 何以故 莊嚴佛土者

는 즉비장엄이니 시명장엄이니다. 시고로 수보리야, 제보살
則非莊嚴 是名莊嚴 是故 須菩提 諸菩薩

마하살이 응 여시생청정심하되,
摩訶薩 應 如是生清淨心

　　불응 주색 생심이며 불응 주성향미촉법 생심이니,
　　不應 住色 生心 不應 住聲香味觸法 生心

　　응 무소주하여 이생기심이니라.
　　應 無所住 而生其心

수보리야, 비여유인이 신여 수미산왕하면 어의운하오. 시
須菩提 譬如有人 身如 須彌山王 於意云何 是

신이 위대부아? 수보리언하되, 심대니다 세존하. 하이고오 불
身 爲大不 須菩提言 甚大 世尊 何以故 佛

설비신이니 시명대신이니다.
說非身 是名大身

❀ 무위복승분 제십일
無爲福勝分

수보리야, 여 항하중에 소유사수 여시사등항하를 어의
須菩提　如恒河中　所有沙數　如是沙等恒河　於意

운하오. 시제항하사가 영위다부아? 수보리언하되, 심다
云何　是諸恒河沙　寧爲多不　須菩提言　甚多

니다 세존하. 단제항하도 상다무수온 하황기사리까. 수보
世尊　但諸恒河　尚多無數　何況其沙　須菩

리야, 아금에 실언으로 고여하니, 약 유 선남자 선여인이 이
提　我今　實言　告汝　若有善男子善女人　以

칠보로 만 이소 항하사수 삼천대천세계하여 이용보시
七寶　滿爾所恒河沙數　三千大千世界　以用布施

하면, 득복이 다부아? 수보리언하되, 심다니다 세존하. 불
得福　多不　須菩提言　甚多　世尊　佛

고 수보리하시되, 약 선남자 선여인이 어차경중에 내지 수
告須菩提　若善男子善女人　於此經中　乃至受

지 사구게등하여 위타인설하면 이차복덕은 승전복덕하리라.
持四句偈等　爲他人說　而此福德　勝前福德

❀ 존중정교분 제십이
尊重正敎分

부차 수보리야, 수설시경하되 내지 사구게등하면, 당지
復次須菩提　隨說是經　乃至四句偈等　當知

하라. 차처는 일체세간의 천 인 아수라가 개응 공양을 여
此處　一切世間　天人阿修羅　皆應供養　如

불탑묘커늘, 하황 유인이 진능 수지독송이랴. 수보리
佛塔廟　何況　有人　盡能　受持讀誦　須菩提

야, 당지하라. 시인은 성취 최상제일희유지법하고, 약 시경
當知　是人　成就　最上第一希有之法　若是經

전 소재지처는 즉위유불커나 약 존중제자니라.
典　所在之處　則爲有佛　若尊重弟子

※ 여법수지분 제십삼
如法受持分

이시에 수보리 백불언하되, 세존하, 당 하명차경이며 아
爾時　須菩提　白佛言　世尊　當何名此經　我

등이 운하봉지하리까? 불고 수보리하시되, 시경은 명위 금
等　云何奉持　佛告須菩提　是經　名爲金

강반야바라밀이니 이시명자로 여당봉지하라. 소이자하
剛般若波羅蜜　以是名字　汝當奉持　所以者何

오 수보리야, 불설 반야바라밀이 즉비반야바라밀이니 시
須菩提　佛說般若波羅蜜　則非般若波羅蜜　是

명 반야바라밀이니라. 수보리야 어의운하오, 여래유 소
名般若波羅蜜　須菩提　於意云何　如來有所

설법부아? 수보리 백불언하되, 세존하, 여래 무소설이시니
說法不　須菩提白佛言　世尊　如來無所說

다. 수보리야 어의운하오, 삼천대천세계 소유미진이 시
須菩提　於意云何　三千大千世界　所有微塵　是

위다부아? 수보리언하되, 심다니다 세존하. 수보리야, 제
爲多不　須菩提言　甚多　世尊　須菩提　諸

미진이 여래설 비미진이니 시명미진이며, 여래설 세계
微塵　　如來說 非微塵　　是名微塵　　　如來說 世界

도 비세계니 시명세계니라. 수보리야 어의운하오, 가이 삼
非世界니 是名世界　　須菩提　於意云何　可以 三

십이상으로 견 여래부아? 불야니다 세존하. 불가이 삼십
十二相　　見 如來不　　不也　　世尊　不可以 三十

이상으로 득견여래니, 하이고오 여래설 삼십이상이 즉
二相　　得見如來　何以故　如來說 三十二相　即

시비상이니 시명 삼십이상이니다. 수보리야, 약 유 선남
是非相이니 是名 三十二相　　　須菩提　若 有 善男

자 선여인이 이항하사등 신명으로 보시하고, 약 부 유인
子 善女人이 以恒河沙等 身命으로 布施　　若 復 有人

이 어차경중에 내지 수지 사구게등하여 위타인설하면 기
於此經中　乃至 受持 四句偈等　　爲他人說　其

복이 심다니라.
福　甚多

✿ 이상적멸분 제십사
　　離相寂滅分

이시에 수보리 문 설시경하고 심해의취하고 체루비읍
爾時　須菩提 聞 說是經　深解義趣　涕淚悲泣

하여 이백불언하되, 희유세존하. 불설 여시 심심경전하
而白佛言　希有世尊　佛說 如是 甚深經典

심을 아종석래에 소득혜안으로는 미증득문 여시지경이니
我從昔來　所得慧眼　　未曾得聞 如是之經

다. 세존하, 약 부 유인이 득문시경하고 신심이 청정하여 즉
世尊 若 復 有 人 得 聞 是 經 信 心 清 淨 則

생실상하면, 당지, 시인은 성취 제일희유공덕이니다. 세
生實相 當知 是 人 成就 第一希有功德 世

존하, 시실상자는 즉시비상이니 시고로 여래 설명 실상이
尊 是實相者 則是非相 是 故 如來 説名 實相

니다. 세존하, 아금에 득문 여시경전하고 신해수지는 부족
世尊 我今 得聞 如是經典 信解受持 不足

위난이나, 약 당래세 후오백세에 기유중생이 득문시경하
爲難 若 當來世 後五百歲 其有衆生 得聞是經

고 신해수지하면 시인은 즉위제일희유니, 하이고오 차인
信解受持 是人 則爲第一希有 何以故 此人

은 무아상 무인상 무중생상 무수자상이니다. 소이자하
無我相 無人相 無衆生相 無壽者相 所以者何

오, 아상이 즉시비상이며 인상 중생상 수자상이 즉시비상
我相 即是非相 人相 衆生相 壽者相 即是非相

이니, 하이고오 이 일체제상하면 즉명저불이니다. 불고 수보
何以故 離 一切諸相 則名諸佛 佛告 須菩

리하시되, 여시여시니라. 약 부 유인이 득문시경하고 불경불
提 如是如是 若 復 有 人 得聞是經 不驚不

포불외하면, 당지하라. 시인은 심위희유니, 하이고오 수보
怖不畏 當知 是 人 甚爲希有 何以故 須菩

리야, 여래설 제일바라밀이 즉비제일바라밀이니 시명 제
提 如來説 第一波羅蜜 即非第一波羅蜜 是名 第

일바라밀이니라. 수보리야, 인욕바라밀도 여래설 비인욕
一波羅蜜　　　須菩提　忍辱波羅蜜　如來說 非忍辱

바라밀이니라. 하이고오 수보리야, 여아석 위가리왕에 할
波羅蜜　　　何以故　須菩提　如我昔 爲歌利王　割

절신체할제. 아어이시에 무아상 무인상 무중생상 무
截身體　　我於爾時　無我相 無人相 無衆生相 無

수자상이니. 하이고오 아어왕석 절절지해시에 약 유 아
壽者相　　何以故　我於往昔 節節支解時　若 有 我

상 인상 중생상 수자상이면 응생진한하리라. 수보리야, 우
相 人相 衆生相 壽者相　　應生瞋恨　　　須菩提　又

념하니. 과거어 오백세에 작 인욕선인할제. 어이소세에 무
念　　過去於 五百世에 作 忍辱仙人　　於爾所世에 無

아상 무인상 무중생상 무수자상이니라. 시고로 수보리
我相 無人相 無衆生相 無壽者相　　　是故　須菩提

야, 보살은 응리일체상하고 발 아누다라삼먁삼보리심이
菩薩　應離一切相　　發 阿耨多羅三藐三菩提心

니, 불응 주색 생심이며 불응 주성향미촉법 생심이며 응
不應 住色 生心　　不應 住聲香味觸法 生心　　應

생무소주심이니라. 약 심유주면 즉위비주니. 시고로 불설
生無所住心　　若 心有住면 則爲非住　是故　佛說

하시되 보살은 심 불응 주색 보시니라. 수보리야, 보살은 위
菩薩 心 不應 住色 布施　　須菩提　菩薩은 爲

이익 일체중생하여 응 여시보시니라. 여래설 일체제상
利益 一切衆生　　應 如是布施　　如來說 一切諸相

이 즉시비상이며, 우설 일체중생이 즉비중생이니라. 수보
卽是非相　　又說 一切衆生 則非衆生　　須菩

리야, 여래는 시 진어자며 실어자며 여어자며 불광어자
提　如來 是 眞語者　實語者　如語者　不誑語者

며 불이어자시니라. 수보리야, 여래 소득법은 차법이 무실
不異語者　　須菩提　如來 所得法　此法　無實

무허니라. 수보리야, 약보살이 심주어법하고 이행보시하
無虛　　須菩提　若菩薩　心住於法　　而行布施

면 여인이 입암에 즉무소견이요, 약보살이 심부주법하고 이
如人　入闇　則無所見　　若菩薩　心不住法　　而

행보시하면 여인이 유목하고 일광이 명조하여 견 종종색이니
行布施　　如人　有目　　日光　明照　　見 種種色

라. 수보리야, 당래지세에 약 유 선남자 선여인이 능어차
須菩提　當來之世　若有 善男子 善女人　能於此

경을 수지독송하면, 즉위여래 이불지혜로 실지시인하시
經　受持讀誦　　則爲如來 以佛智慧　悉知是人

며 실견시인하시니, 개득성취 무량무변 공덕이니라.
悉見是人　　皆得成就無量無邊 功德

❀ 지경공덕분 제십오
持經功德分

수보리야, 약 유 선남자 선여인이 초일분에 이항하사
須菩提　若有 善男子 善女人　初日分　以恒河沙

등 신으로 보시하고, 중일분에 부 이항하사등 신으로 보시
等 身　布施　　中日分　復 以恒河沙等身　布施

하고, 후일분에 역 이항하사등 신으로 보시하여, 여시 무량
後日分 亦以恒河沙等身 布施 如是無量

백천만억겁에 이신 보시하여도, 약 부 유인이 문차경전
百千萬億劫 以身布施 若復有人 聞此經典

하고 신심불역하면 기복이 승피니, 하황 서사수지독송하
信心不逆 其福 勝彼 何況 書寫受持讀誦

여 위인해설이랴. 수보리야, 이요언지하면 시경이 유 불가
爲人解說 須菩提 以要言之 是經 有不可

사의 불가칭량 무변공덕이니, 여래 위 발대승자 설이
思議 不可稱量 無邊功德 如來爲發大乘者 說

시며 위 발최상승자 설이시니라. 약 유인이 능 수지독송하
爲發最上乘者 說 若有人 能 受持讀誦

여 광위인설하면, 여래 실지시인하시며 실견시인하시니, 개
廣爲人說 如來悉知是人 悉見是人 皆

득성취 불가량 불가칭 무유변 불가사의 공덕하고, 여
得成就 不可量 不可稱 無有邊 不可思議 功德 如

시인등은 즉위하담 여래의 아누다라삼먁삼보리니
是人等 則爲荷擔 如來 阿耨多羅三藐三菩提

라. 하이고오 수보리야, 약 락 소법자는 착 아견 인견 중
何以故 須菩提 若樂小法者 着我見人見衆

생견 수자견이니, 즉어차경을 불능 청수독송하여 위인해
生見壽者見 則於此經 不能 聽受讀誦 爲人解

설이니라. 수보리야, 재재처처에 약 유차경이면 일체세간
說 須菩提 在在處處 若有此經 一切世間

의 천 인 아수라가 소응공양하리니, 당지하라. 차처는 즉위
天 人 阿修羅 所應供養 當知 此處 則爲

시탑이라. 개응 공경 작례위요하고 이제화향으로 이산기
是 塔 皆應 恭敬 作禮圍繞 以諸華香 而散其

처니라.
處

능정업장분 제십육
能淨業障分

부차 수보리야. 선남자 선여인이 수지독송 차경하
復次 須菩提 善男子 善女人 受持讀誦 此經

되 약 위인경천하면, 시인은 선세죄업으로 응타악도련마
若 爲人輕賤 是人 先世罪業 應墮惡道

는, 이 금세인의 경천고로 선세죄업을 즉위소멸하고 당
以 今世人 輕賤 故 先世罪業 則爲消滅 當

득 아누다라삼먁삼보리니라. 수보리야 아념하니, 과거 무
得 阿耨多羅三藐三菩提 須菩提 我念 過去 無

량아승기겁을 어연등불 전에 득치 팔백사천만억 나유
量阿僧祇劫 於然燈佛 前 得値 八百四千萬億 那由

타 제불하고 실개 공양승사하여 무 공과자니라. 약 부 유
他 諸佛 悉皆 供養承事 無 空過者 若 復有

인이 어후말세에 능 수지독송 차경하면, 소득공덕은 어 아
人 於後末世 能 受持讀誦 此經 所得功德 於我

소공양 제불공덕으로는 백분에 불급일이며 천만억분 내
所供養 諸佛功德 百分 不及一 千萬億分 乃

지 산수비유로도 소불능급이니라. 수보리야, 약 선남자 선
至 算數譬喩 所不能及 須菩提 若善男子 善

여인이 어후말세에 유 수지독송 차경하면, 소득공덕을 아
女人 於後末世 有受持讀誦 此經 所得功德 我

약구설자인데는, 혹유인이 문하고 심즉광란하여 호의불신
若具說者 或有人 聞 心則狂亂 狐疑不信

하리라. 수보리야, 당지하라. 시경은 의가 불가사의니 과보
須菩提 當知 是經 義 不可思議 果報

도 역 불가사의니라.
亦 不可思議

구경무아분 제십칠
究竟無我分

이시에 수보리 백불언하되, 세존하, 선남자 선여인
爾時 須菩提 白佛言 世尊 善男子 善女人

이 발 아누다라삼먁삼보리심하면 운하응주며 운하
發 阿耨多羅三藐三菩提心 云何應住 云何

항복기심하리까? 불고 수보리하시되, 약 선남자 선여인
降伏其心 佛告 須菩提 若 善男子 善女人

이 발 아누다라삼먁삼보리심자면 당생여시심하되, 아
發 阿耨多羅三藐三菩提心者 當生如是心 我

응 멸도 일체중생하리라하라. 멸도 일체중생이라도 이무
應 滅度 一切衆生 滅度 一切衆生已 而無

유 일중생이 실 멸도자니, 하이고오 수보리야, 약 보살
有 一衆生 實 滅度者 何以故 須菩提 若菩薩

이 유 아상 인상 중생상 수자상이면 즉비보살이니라. 소이
有 我相 人相 衆生相 壽者相　　則非菩薩　　　所以

자하오 수보리야, 실무유법이니 발아누다라삼먁삼보리
者何　須菩提　實無有法　發阿耨多羅三藐三菩提

심자니라. 수보리야 어의운하오. 여래 어연등불소에 유법
心者　須菩提　於意云何　如來 於然燈佛所 有法

하여 득 아누다라삼먁삼보리부아? 불 야니다 세존하. 여아
得 阿耨多羅三藐三菩提不　不也　世尊　如我

해 불소설의로는 불이 어연등불소에 무유법하여 득 아누다
解佛所說義　佛 於然燈佛所 無有法　得 阿耨多

라삼먁삼보리니다. 불언하시되, 여시여시니라 수보리야, 실
羅三藐三菩提　佛言　如是如是　須菩提　實

무유법이니 여래 득 아누다라삼먁삼보리니라. 수보리
無有法　如來 得 阿耨多羅三藐三菩提　須菩提

야, 약 유법하여 여래 득 아누다라삼먁삼보리자라면, 연
若 有法　如來 得 阿耨多羅三藐三菩提者　然

등불이 즉 불여아수기하시되, 여어래세에 당득작불하되 호
燈佛 則 不與我受記　汝於來世 當得作佛　號

를 석가모니라하리라. 이 실무유법하여 득 아누다라삼먁삼
釋迦牟尼　以 實無有法　得 阿耨多羅三藐三

보리니, 시고로 연등불이 여아수기하시고 작시언하시되, 여어
菩提 是故 然燈佛 與我受記　作是言　汝於

래세에 당득작불하되 호를 석가모니라하시니라. 하이고오 여
來世 當得作佛　號 釋迦牟尼　　何以故 如

래자는 즉 제법에 여의니라. 약 유인이 언하되, 여래 득 아
來者 卽 諸法 如義 若 有人 言 如來得阿

누다라삼먁삼보리라하면, 수보리야, 실무유법이니 불
耨多羅三藐三菩提 須菩提 實無有法 佛

이 득 아누다라삼먁삼보리니라. 수보리야, 여래소득 아
得 阿耨多羅三藐三菩提 須菩提 如來所得阿

누다라삼먁삼보리는 어시중이 무실무허니라. 시고로 여
耨多羅三藐三菩提 於是中 無實無虛 是 故 如

래설 일체법이 개시불법이니라. 수보리야, 소언 일체법
來說 一切法 皆是佛法 須菩提 所言 一切法

자는 즉비일체법이니 시고로 명 일체법이니라. 수보리야, 비
者 卽非一切法 是 故 名 一切法 須菩提 譬

여인신이 장대니라. 수보리언하되, 세존하, 여래설 인신
如人身 長大 須菩提言 世尊 如來說人身

장대는 즉위비대신이니 시명대신이니다. 수보리야, 보살
長大 則爲非大身 是名大身 須菩提 菩薩

도 역여시하여 약 작시언하되, 아 당 멸도 무량중생하리라하
亦如是 若 作是言 我當滅度無量衆生

면 즉 불명보살이니, 하이고오 수보리야, 실무유법을 명위
則 不名菩薩 何以故 須菩提 實無有法 名爲

보살이니라. 시고로 불설 일체법이 무아 무인 무중생 무
菩薩 是故 佛說 一切法 無我 無人 無衆生 無

수자니라. 수보리야, 약보살이 작시언하되, 아 당장엄불
壽者 須菩提 若菩薩 作是言 我當莊嚴佛

토라하면 시 불명보살이니, 하이고오 여래설 장엄불토자
土   是 不 名 菩 薩   何 以 故 如 來 說 莊 嚴 佛 土 者

는 즉비장엄이니 시명장엄이니라. 수보리야, 약보살이 통달
 即 非 莊 嚴 是 名 莊 嚴   須 菩 提 若 菩 薩 通 達

무아법자이면 여래 설명 진시보살이니라.
無 我 法 者   如 來 說 名 眞 是 菩 薩

✿ 일체동관분 제십팔
一 體 同 觀 分

수보리야 어의운하오, 여래유 육안부아? 여시니다 세존
須 菩 提 於 意 云 何 如 來 有 肉 眼 不   如 是   世 尊

하. 여래유 육안이시니다. 수보리야 어의운하오, 여래유 천
 如 來 有 肉 眼   須 菩 提 於 意 云 何   如 來 有 天

안부아? 여시니다 세존하. 여래유 천안이시니다. 수보리야 어
眼 不   如 是   世 尊 如 來 有 天 眼   須 菩 提 於

의운하오, 여래유 혜안부아? 여시니다 세존하. 여래유 혜
意 云 何 如 來 有 慧 眼 不   如 是   世 尊 如 來 有 慧

안이시니다. 수보리야 어의운하오, 여래유 법안부아? 여시
眼   須 菩 提 於 意 云 何   如 來 有 法 眼 不   如 是

니다 세존하. 여래유 법안이시니다. 수보리야 어의운하오, 여
 世 尊 如 來 有 法 眼   須 菩 提 於 意 云 何 如

래유 불안부아? 여시니다 세존하. 여래유 불안이시니다. 수
來 有 佛 眼 不   如 是   世 尊 如 來 有 佛 眼   須

보리야 어의운하오, 여항하중 소유사를 불설시사부
菩 提 於 意 云 何 如 恒 河 中 所 有 沙 佛 說 是 沙 不

아? 여시니다 세존하. 여래설시사니다. 수보리야 어의운하
如是　　世尊　　如來說是沙　　　須菩提　於意云何

오. 여 일항하중 소유사에 유 여시사등 항하하고 시제항
如一恒河中所有沙　有如是沙等恒河　是諸恒

하의 소유사수 불세계면 여시가 영위다부아? 심다니다, 세
河　所有沙數佛世界　如是　寧爲多不　　甚多　　世

존하. 불고 수보리하시되, 이소 국토중 소유중생의 약간종
尊　佛告須菩提　　　爾所國土中 所有衆生 若干種

심을 여래실지하시니, 하이고오 여래설 제심이 개위비심이
心　如來悉知　　　何以故　如來說諸心　皆爲非心

니 시명위심이니라. 소이자하오 수보리야, 과거심 불가득이
是名爲心　　　所以者何　須菩提　過去心 不可得

며 현재심 불가득이며 미래심 불가득이니라.
現在心 不可得　　未來心 不可得

❀ 법계통화분 제십구
法界通化分

수보리야 어의운하오. 약 유인이 만 삼천대천세계 칠보
須菩提　於意云何　若有人 滿 三千大千世界七寶

로 이용보시하면, 시인이 이시인연으로 득복이 다부아? 여
以用布施　　是人　以是因緣　得福 多不　　如

시니다 세존하. 차인은 이시인연으로 득복이 심다니다. 수
是　　世尊　此人　以是因緣　得福 甚多　　須

보리야, 약 복덕이 유실이면 여래불설 득 복덕다라하시련
菩提　若福德 有實　如來不說 得福德多

만 **이 복덕**이 **무고**로 **여래설 득 복덕다**라하시니라.
以 福德 無故 如來說 得 福德多

❀ **이색이상분** 제이십
離色離相分

수보리야 **어의운하**오, **불**을 **가이구족색신**으로 **견부**아? **불**
須菩提 於意云何 佛 可以具足色身 見不 不

야니다 **세존**하. **여래**를 **불응 이구족색신**으로 **견**이니, **하이**
也 世尊 如來 不應 以具足色身 見 何以

고오 **여래설 구족색신**은 **즉비구족색신**이니 **시명 구족**
故 如來說 具足色身 即非具足色身 是名 具足

색신이니다. **수보리**야 **어의운하**오. **여래**를 **가이구족제상**
色身 須菩提 於意云何 如來 可以具足諸相

으로 **견부**아? **불야**니다 **세존**하. **여래**를 **불응 이구족제상**으
見不 不也 世尊 如來 不應 以具足諸相

로 **견**이니, **하이고**오 **여래설 제상구족**은 **즉비구족**이니 **시**
見 何以故 如來說 諸相具足 即非具足 是

명 제상구족이니다.
名 諸相具足

❀ **비설소설분** 제이십일
非說所說分

수보리야, **여물위**, **여래작시념**하되 **아 당유소설법**하라. **막**
須菩提 汝勿謂 如來作是念 我 當有所說法 莫

작시념이니 **하이고**오 **약 인**이 **언 여래유 소설법**이라하면 **즉**
作是念 何以故 若 人 言如來有 所說法 即

위방불이며 불능해 아소설고니라. 수보리야, 설법자는 무
爲謗佛　能解我所說故　須菩提　說法者　無

법가설이 시명설법이니라. 이시에 혜명수보리 백불언하
法可說　是名說法　爾時　慧命須菩提白佛言

되, 세존하, 파유중생이 어미래세에 문설시법하고 생 신
世尊　頗有衆生　於未來世　聞說是法　生信

심부이까? 불언하시되, 수보리야, 피 비중생이며 비불중생이
心不　佛言　須菩提　彼非衆生　非不衆生

니, 하이고오 수보리야, 중생 중생자는 여래설 비중생이
何以故　須菩提　衆生衆生者　如來說非衆生

니 시명중생이니라.
是名衆生

❀ 무법가득분 제이십이
無法可得分

수보리 백불언하되, 세존하, 불이 득 아누다라삼먁삼보
須菩提白佛言　世尊　佛得阿耨多羅三藐三菩

리가 위무소득야니까? 불언하시되, 여시여시니라 수보리
提　爲無所得耶　佛言　如是如是　須菩提

야, 아 어 아누다라삼먁삼보리에 내지 무유소법 가득
我於阿耨多羅三藐三菩提　乃至無有少法可得

이니 시명 아누다라삼먁삼보리니라.
是名阿耨多羅三藐三菩提

❀ 정심행선분 제이십삼
淨心行善分

부차 수보리야, 시법이 평등하여 무유고하니 시명 아누
復次 須菩提 是法 平等 無有高下 是名 阿耨

다라삼먁삼보리니라. 이 무아 무인 무중생 무수자하
多羅三藐三菩提 以無我 無人 無衆生 無壽者

고 수 일체선법하면 즉득 아누다라삼먁삼보리니라. 수보
修 一切善法 則得 阿耨多羅三藐三菩提 須菩

리야, 소언 선법자는 여래설 즉비선법이니 시명선법이니라.
提 所言善法者 如來說 卽非善法 是名善法

❀ 복지무비분 제이십사
福智無比分

수보리야, 약 삼천대천세계중에 소유제수미산왕 여시
須菩提 若 三千大千世界中 所有諸須彌山王 如是

등 칠보취로 유인이 지용보시하고, 약 인이 이차 반야바
等 七寶聚 有人 持用布施 若人 以此 般若波

라밀경 내지 사구게등을 수지독송하고 위타인설하면, 어
羅蜜經 乃至 四句偈等 受持讀誦 爲他人說 於

전복덕은 백분에 불급일이며 백천만억분 내지 산수비유
前福德 百分 不及一 百千萬億分 乃至 算數譬喻

로도 소불능급이니라.
所不能及

❀ 화무소화분 제이십오
化無所化分

수보리야 어의운하오, 여등은 물위, 여래 작 시념하되 아 당
須菩提 於意云何 汝等 勿謂 如來 作 是念 我當

도중생하라. 수보리야, 막작시념이니, 하이고오 실무유중
度衆生　　須菩提　莫作是念　　何以故　實無有衆

생을 여래도자니라. 약 유중생을 여래도자라하면 여래도 즉
生 如來度者　　若 有衆生 如來度者　　　如來 則

유아 인 중생 수자니라. 수보리야, 여래설 유아자는 즉비
有 我 人 衆生 壽者　　須菩提　如來說有我者　　則非

유아이나 이 범부지인이 이위유아하느니라. 수보리야, 범부
有我　　而 凡夫之人 以爲有我　　　　須菩提　凡夫

자는 여래설 즉비범부니 시명범부니라.
者　如來說則非凡夫　是名凡夫

❀ 법신비상분 제이십육
　　法身非相分

수보리야 어의운하오, 가이 삼십이상으로 관 여래부
須菩提　於意云何　可以 三十二相　　觀 如來不

아? 수보리언하되, 여시여시니다. 이삼십이상으로 관 여래
　　須菩提言　　如是如是　　以三十二相　　觀 如來

니다. 불언하시되, 수보리야, 약이삼십이상으로 관 여래자라
　　佛言　　　須菩提　若以三十二相　　觀 如來者

하면 전륜성왕이 즉시여래니라. 수보리 백불언하되, 세존
　　轉輪聖王 則是如來　　須菩提 白佛言　　世尊

하, 여아해 불소설의로는 불응 이삼십이상으로 관 여래니
如我解 佛所說義　不應 以三十二相　　觀 如來

다. 이시에 세존이 이설게언하시되,
　　爾時　世尊 而說偈言

약 이색 견아커나 이음성 구아하면
若 以 色 見 我　　以 音 聲 求 我

시인은 행사도라 불능견 여래니라.
是 人　行 邪 道　不 能 見　如 來

❀ 무단무멸분 제이십칠
無 斷 無 滅 分

수보리야, 여 약 작시념하되 여래 불이 구족상고로 득 아
須 菩 提　汝 若 作 是 念　　如 來 不 以 具 足 相 故　得 阿

누다라삼먁삼보리아? 수보리야, 막작시념하라. 여래 불
耨 多 羅 三 藐 三 菩 提　　須 菩 提　莫 作 是 念　　如 來 不

이 구족상고로 득 아누다라삼먁삼보리니라. 수보리
以 具 足 相 故　得 阿 耨 多 羅 三 藐 三 菩 提　　須 菩 提

야, 여 약 작시념하되, 발 아누다라삼먁삼보리심자
汝 若 作 是 念　　發 阿 耨 多 羅 三 藐 三 菩 提 心 者

는 설 제법에 단멸상가? 막작시념하라. 하이고오 발 아누
說 諸 法　斷 滅 相　莫 作 是 念　　何 以 故　發 阿 耨

다라삼먁삼보리심자는 어법에 불설 단멸상이니라.
多 羅 三 藐 三 菩 提 心 者　於 法　不 說 斷 滅 相

❀ 불수불탐분 제이십팔
不 受 不 貪 分

수보리야, 약보살이 이 만 항하사등세계 칠보로 지용보
須 菩 提　若 菩 薩　以 滿 恒 河 沙 等 世 界 七 寶　持 用 布

시하고, 약 부 유인이 지 일체법무아하여 득성어인하면, 차
施　　若 復 有 人　知 一 切 法 無 我　得 成 於 忍　　此

보살은 승전보살의 소득공덕이니, 하이고오 수보리야, 이
菩薩　勝前菩薩　所得功德　　何以故　須菩提　以

제보살이 불수복덕고니라. 수보리 백불언하되, 세존하, 운
諸菩薩　不受福德故　　須菩提白佛言　　世尊　云

하보살이 불수복덕하니까? 수보리야, 보살이 소작복덕
何菩薩　不受福德　　須菩提　菩薩　所作福德

을 불응탐착하니 시고로 설 불수복덕하니라.
不應貪着　是故　說不受福德

❀ 위의적정분 제이십구
　威儀寂靜分

수보리야, 약 유인이 언하되 여래 약래 약거 약좌 약와라
須菩提　若有人　言　如來若來若去若坐若臥

하면 시인은 불해 아소설의니, 하이고오 여래자는 무소종
是人　不解我所說義　何以故　如來者　無所從

래며 역무소거하니 고명여래니라.
來　亦無所去　故名如來

❀ 일합이상분 제삼십
　一合理相分

수보리야, 약 선남자 선여인이 이 삼천대천세계를 쇄
須菩提　若善男子善女人　以三千大千世界　碎

위미진하면 어의운하오, 시미진중이 영위다부아? 심다니
爲微塵　於意云何　是微塵衆　寧爲多不　甚多

다 세존하. 하이고오 약 시미진중이 실유자라면 불이 즉불
世尊　何以故　若是微塵衆　實有者　佛則不

설 시미진중이니다. 소이자하오. 불설 미진중이 즉비미진
說 是 微 塵 衆　　　所以者何　　佛說 微塵衆　　則 非微塵

중이니 시명미진중이니다. 세존하. 여래소설 삼천대천세
衆　　是名微塵衆　　　世尊　如來所説 三千大千世

계도 즉비세계니 시명세계니다. 하이고오 약 세계가 실유
界　則非世界　是名世界　　　何以故　若 世界　實有

자라면 즉시일합상이나. 여래설 일합상은 즉비일합상이
者　　則是一合相　　如來説 一合相　則非一合相

니 시명일합상이니다. 수보리야. 일합상자는 즉시불가설
　是名一合相　　　須菩提　　一合相者　則是不可説

이나 단 범부지인이 탐착기사니라.
　但 凡夫之人　貪着其事

❀ 지견불생분 제삼십일
　知 見 不 生 分

수보리야. 약 인이 언하되. 불설 아견 인견 중생견 수자
須菩提　　若 人 言　　佛說 我見 人見 衆生見 壽者

견이라하면. 수보리야 어의운하오. 시인이 해 아소설의부
見　　　　須菩提　於意云何　是人　解我所説義不

아? 불야니다 세존하. 시인은 불해 여래소설의니. 하이고
不也　　世尊　是人　不解如來所説義　何以故

오 세존설 아견 인견 중생견 수자견은 즉비 아견 인
世尊説 我見 人見 衆生見 壽者見　即非 我見 人

견 중생견 수자견이니 시명 아견 인견 중생견 수자견
見 衆生見 壽者見　　是名 我見 人見 衆生見 壽者見

이니다. **수보리**야, 발 아누다라삼먁삼보리심자는 **어일체**
須菩提　發 阿耨多羅三藐三菩提心者　於一切

법에 응 여시지며 여시견이며 여시신해하여 불생법상이니
法　應 如 是 知　如 是 見　如 是 信 解　不 生 法 相

라. 수보리야, 소언 법상자는 여래설 즉비법상이니 시명
須菩提　所 言 法 相 者　如 來 說 即 非 法 相　是 名

법상이니라.
法 相

❀ **응화비진분** 제삼십이
應 化 非 眞 分

수보리야, 약 유인이 이 만 무량아승기세계 칠보로 지
須菩提　若 有 人　以 滿 無 量 阿 僧 祇 世 界 七 寶　持

용보시하고, 약 유 선남자 선여인이 발 보살심자 지어
用 布 施　若 有 善 男 子 善 女 人　發 菩 薩 心 者 持 於

차경 내지 사구게등을 수지독송하고 위인연설하면, 기복
此 經 乃 至 四 句 偈 等　受 持 讀 誦　爲 人 演 說　其 福

이 승피니 운하 위인연설가, 불취어상하여 여여부동이니
勝 彼　云 何 爲 人 演 說　不 取 於 相　如 如 不 動

라. 하이고오
何 以 故

　일체 유위법은 여몽환포영이며
　一 切 有 爲 法　如 夢 幻 泡 影

　여로 역여전이니 응작여시관이니라.
　如 露 亦 如 電　應 作 如 是 觀

불설 시경이하시니 장로수보리와 급제 비구 비구니 우
佛說 是經已　　　長老須菩提　　及諸 比丘 比丘尼 優

바새 우바이와 일체세간의 천 인 아수라가 문불소설하
婆塞 優婆夷　一切世間　天 人 阿修羅　聞佛所說

고 개대환희하여 신수봉행하니라.
　皆大歡喜　　信受奉行

금강반야바라밀경 종
金剛般若波羅蜜經 終

공부하는 법

'미륵존여래불(彌勒尊如來佛)'을 마음으로 읽고 귀로 듣도록 하면
서, 당신의 생각은 무엇이든지 부처님께 바치는 연습을 하십시
오. 가지면 병이 되고, 참으면 폭발합니다.

아침저녁으로 〈금강경(金剛經)〉을 읽으시되, 직접 부처님 앞에서
법문을 듣는 마음으로 하시고, 이를 실행하여 습관이 되도록 하
십시오.

육체로는 규칙적으로 일하시고, 정신은 절대로 가만두십시오.

이것이 부처님을 시봉(侍奉: 받들어 섬김)하는 일입니다. 부처님께서는
(지혜가) 밝으시고[1] 편안하시고 자유로우시며 일체 문제가 없는 완전한
분이시기 때문에, 그분을 믿고 시봉함으로써 우리 또한 마땅히 그분처
럼 밝고 편안하고 자유롭게 살 수 있습니다.

세상에서도 높은 이를 섬김으로써 자기 또한 높아지고, 부유한 이를
섬김으로써 자기 또한 부유해지며, 학식이 많은 이를 잘 섬김으로써 자
기 또한 학식이 풍부해짐을 봅니다. 그러나 제 힘만으로 높아지고 부유
해지려 할 때에는 힘이 드는 것은 물론이요, 모함받고 시기당하며, 도둑
이 탐하는 바와 같이 되어 이루기가 어렵습니다. 그러므로 지혜로운 사
람은 모든 것을 제가 하겠다고 욕심을 앞세우기보다는, 밝은이를 먼저

---

[1] 부처님의 지혜는 해가 사물을 비추면 그 형상이 환히 드러나듯이 비추는 것이지, 중생들처럼
자기가 아는 것을 가지고 그것에 맞추어 재보고 비교하는 것이 아닙니다. 그래서 이를 일러 '밝다'
고 합니다.

생각하고 정성스럽게 섬깁니다.

　마찬가지로 당신 자신이 잘 닦고 깨쳐서 부처를 이루겠다(成佛)고 하기보다는 언제라도 부처님을 향하고 오로지 부처님을 시봉함으로써 자연히 부처님처럼 밝고 편안하고 자유롭게 되시길 바랍니다.

　사람들은 서로 사귀거나 윗사람을 섬기고 아랫사람을 보살필 때, 돈이나 귀한 물건 또는 맛있는 음식 같은 것으로 자기의 마음과 정성을 표시합니다. 그러다 가까워지면 그런 것 없이도 마음을 주고받게 되고, 또 아주 막역한 사이가 되면 가슴 저 깊은 데 있는 속사정까지도 털어놓게 됩니다. 부처님께도 우리의 마음, 모든 생각을 드림으로써 그분과 참으로 가까워질 수 있는 것이고, 가까워지면 그분을 닮게 되고, 그분처럼 살 수 있게 될 것입니다. 이것이 부처님을 시봉하는 이유입니다.

　세상 사는 일이 쉽지 않습니다. 먹고 싶고, 보고 싶고, 갖고 싶고, 주고 싶고, 높이 되고 싶고, 자랑하고 싶고 등등 하고 싶은 것을 못해서 괴롭고, 분하고, 억울하고, 아프고, 고단하고, 외롭고, 쓸쓸하고, 미안하고, 불안해서 겪는 괴로움이 헤아릴 수 없이 많습니다. 말씀은 "괴로움도 없고, 괴로움의 원인도 없고, 괴로움을 없앨 일도 없다(無苦集滅道 _〈반야심경〉)…", "나도 없고, 대상 세계도 없고, 번뇌도 없고, 깨달음도 없다(無我相無人相無衆生相無壽者相〈금강경〉)…" 하셨고 마음속으로야 '생각 하나로 괴로움과 즐거움이 나뉜다'라고 수없이 되뇌지만, 다스림은 늘 저 밖에 있고, 현실은 한없이 깊고 넓은 괴로움의 바다입니다.

　그런데 이 모든 괴로움은 자기 것으로 가지려는 마음, 끝없는 욕망을 이루지 못해서 생깁니다. 돈이나 명예나 권세, 여자(남자)나 자식 등 무엇이든지 제 것으로 하려는 욕망은 끝이 없어서 그것을 성취하는 데도 수고가 많지만, 한번 이루어 가진다 해도 영원한 것이 될 수 없습니다.

쉽게 달아나고 이내 변하는 무상한 것입니다.

그래서 동서고금을 통하여 이런 괴로움의 문제에 공통적으로 들어가는 처방 약의 하나는 "참아라〔忍〕" 하는 것입니다. 또 우리 주위의 많은 교훈이나 표어, 좌우명을 살펴보더라도 참음을 매우 중요한 덕목(德目)으로 강조합니다.

그러나 참는 것이 쉽지도 않으려니와, 억지로 참아 마음에 넣어두어서는 근본 해결이 되지 못하고 독소가 되어 쌓이게 됩니다. 쌓이다 보면 언젠가는 한꺼번에 폭발하고 맙니다. 그러므로 이런 일을 당해서 참기보다는, 바로 이 한없는 욕망과 그것을 이루지 못해서 불편하고 괴로운 마음들을 부처님께 드리면 독소를 남기지 않고 원만하게 처리할 수 있습니다.

또 이미 독소가 되어 무시겁으로 잠재의식에 쌓여 있으면서 수시로 우리를 괴롭히는 것〔業識:업식〕 역시 부처님께 드림으로써 가장 원만하게 해결할 수 있습니다. 곧 우리가 가진 이 무상한 것, 컴컴하고 괴로운 것을 부처님께 드리면, 대신에 우리는 무상하지 않은 것, 밝고 영원한 부처님의 지혜와 평안을 얻을 수 있습니다.

그런데 받으실 부처님이든 드릴 마음이든 어떤 형상(形狀)이 있어야 "여기 있습니다" 하며 드리기도 하고 또 "받았다"라고도 하실 텐데, 형상이 없으니 곤란하지 않느냐고 합니다. 그래서 부처님께 마음을 바치는 실제적인 방법이 '무슨 생각이든지 떠오르면 그 생각을 부처님께 드리는 마음으로 그 생각에다 대고 "미륵존여래불" 하고 마음과 입으로 외는 것'입니다. 이것이 곧 부처님께 바치는 것이고, 그러면 부처님께서도 틀림없이 받으십니다.

그러나 실제로 받으시는지 볼 수가 없어서 답답한 경우가 없지 않으니,

우선 한 백 일가량을 정하여 아침저녁 〈금강경〉을 읽고 낮 동안은 일하면서도 떠오르는 생각은 모두 "미륵존여래불" 하여 부처님께 바치는 연습을 하고 돌이켜보십시오. 세상 살기가 훨씬 부드럽고 마음도 가벼워진 것을 알게 될 것입니다. 이것이 곧 부처님께서 참으로 받으시는 증거입니다.

미륵존여래불께서는 이천오백여 년 전 석가모니 부처님 당시, 그 대중(大衆) 속에서 같이 공부하던 '미륵'이라는 어린 구도자(求道者)였습니다. 모든 걸 오로지 바침으로써 부처님 시봉을 잘해서, 많은 훌륭한 제자보다 먼저 석가모니 부처님으로부터 "너는 내세(來世)에 나를 이어 부처가 될 것인데, 그 이름을 '미륵존여래'라 하리라" 하고 수기(授記:예고)를 받으셨습니다. 그래서 부처님께 오로지 정성스럽게 바치는 것으로 시봉하는 그분의 정신을 좇아 우리 또한 "미륵존여래불" 하여 모든 생각을 부처님께 바치는 것입니다.

〈금강경〉은 부처님의 설법 중에 가장 간절하고 골수가 되는 말씀을 담고 있는 경입니다. 당신께서 실제 이 〈금강경〉대로 당시 대중을 가르쳐 보시고 또 행하여보신 결과, 꼭 밝아지도록 말씀하신 것입니다. 애초엔 혹 뜻을 모르더라도 여러 번 읽으면 통하게 되므로, 자꾸 읽고 실행하면 안정을 얻고, 부처님 같은 지혜와 밝은 마음을 드러낼 수 있을 것이고, 마음이 밝아지면 재앙 또한 사라져 부처님처럼 평안하고 자유롭게 살 수 있을 것입니다. 그래서 도인께서는 〈금강경〉을 읽으면 재앙이 없어진다, 아침에 읽는 〈금강경〉은 낮 동안의 재앙을 소멸하고 잠자리 들기 전에 읽으면 자는 동안의 재앙을 소멸한다고 하셨습니다.

몸은 움직여야 건강해지고 마음은 안정함으로써 지혜가 생기나니, 육체로는 규칙적으로 일하시고, 정신은 절대로 가만두십시오. 그저 부지런히 〈금강경〉을 읽으시고 "미륵존여래불" 하여 자꾸 바치십시오. 이와 같이 100일을 일기(一期)로 대략 10회 되풀이하면 몸뚱이로 인연한 모든 근심 걱정이 사라지고 장차 어떻게 사느냐, 하는 문제가 해결됩니다. 이것은 이상이 없어졌기 때문입니다.

오직 이렇게 공부하시되 주의하실 일은,

'공부하겠다' 하면 탐심(貪心: 탐내는 마음)이요,

'공부가 왜 안 되나?' 하면 진심(嗔心: 성내는 마음)이요,

'공부가 잘 된다' 하면 치심(痴心: 어리석은 마음)이니,

너무 하겠다고 하지 말고 안 하지만 않으면 됩니다.

이렇게 하여 무슨 일을 당하거나 무슨 생각이 나더라도 오로지 절대로 제 마음을 들여다보고 바치면, 이 세상은 그대로 낙원일 것입니다.[2]

---

2 이 글은 '공부하는 법'에 대한 백성욱(白性郁, 1897~1981) 선생님의 법문['고딕체' 부분]과, 평소 말씀하시던 뜻을 좇아 김강유(金剛裕)가 부연한 것입니다. 선생님은 서울에서 출생하여 열네 살에 출가 수도하셨고, 1919년에는 3·1운동 주도자의 한사람으로 참여하셨으며, 이후 상하이로 망명하여 임시정부에서 활동하셨습니다. 독일에 유학하여 철학 박사학위를 받으셨고, 귀국 후 금강산에 들어가 십 년 수도하고 제자들을 지도하셨습니다. 해방 후 내무부 장관과 동국대학교 총장을 역임하셨고, 퇴임 후에는 부천시 소사동에 수련농장[道場]을 개설하여 인연 있는 후학을 지도하셨습니다. 1981년, 출생한 바로 그날에 입적하셨습니다.

金剛般若波羅蜜經에 대하여

이 경은 제목 그대로 '금강석(金剛石)과 같이 귀하고 무엇이든지 자를 수 있는 지혜(般若)로 분별망상을 자르고 괴로움의 바다를 건너 안온한 저 언덕에 이르는(波羅蜜) 법(經)'을 말하고 있다. 한마디로 '행복해지는 법'이다.

처음부터 '우리가 어떻게 생각하며 어떻게 마음을 항복받아야 하리까' 로 시작하는데, 지금 이 땅에서라면 "어떻게 세상 한번 마음대로 살 수 있겠습니까?"라는 말씀이다. 이렇게 이 경은 우리의 실제적인 문제와 그 해결법에 대한 부처님 당신의 가장 간절하고 골수가 되는 말씀을 담고 있다.

그래서 인도에서부터도 매우 중시되어 여러 경전 가운데 가장 많이 인용되어 왔고, 중국에서도 가장 널리 유포되고 독송 연구되어 그 주석서만도 800여 종에 이르렀다. 우리나라에서도 예나 지금이나 모든 전통 종파에서 각기 소의경전(所依經典)으로 하여, 그들 교리의 전거(典據)로 삼고 있으며, 승가 재가를 막론하고 가장 널리 지송(持誦)해온 경이다.

부처님께서 굳이 말씀하신 뜻은, 중생들이 그 괴로움의 바다를 벗어나 편하고 행복하게 살도록 하시려는 데 있었다. 그러므로 말씀하실 그 당시에는 누구나 잘 알아들을 수 있도록 매우 쉽게 일러주셨지만, 그때 그 지방 사람들의 말로 하셨기 때문에 세월이 흐르고 환경이나 습관, 사고방식이 전혀 다른 오늘날 우리에겐 생소하고 어려울 수밖에 없는 것이다.

그래서 옛 어른들은 소리 내어 자꾸 읽음으로써(讀誦), 글자 속에 담겨 있는 그분의 밝은 뜻에 이를 수 있다고 하셨다. 그리하여 중생의 어둠 속으로 그 밝음이 이를 때에, 어둠 가운데 있는 모든 것은 드러날 수밖에 없고, 드러나 보이는데 꾸준히 닦지 않을 수 없을 거라는 말씀이다.

수보리여, 내가 진실로 그대에게 말하노니
어떤 남자나 여자가 이 경 가운데에서
그저 조그만 시구[四句偈] 하나만이라도 듣고 외워서
다른 사람에게 이야기해준다면
그 복덕은 저 갠지스강 모래알같이 많은 삼천대천세계[宇宙]를
가장 귀한 일곱 가지 보석으로 가득 채워 보시를 한 복덕보다
훨씬 더 크리라.

본 〈독송용 금강반야바라밀경〉은 백성욱(白性郁) 박사님 현토 〈금강반야바라밀경〉을 저본으로, 김강유(金畺裕)가 '해인사 고려대장경본' 등을 대조 비교하여 교정하고 현토 일부를 현대어로 바꾸었으며 구두점을 찍었습니다.

휴대용 독송본 금강반야바라밀경
:한문본+한글 한문 혼용본

1판 1쇄 발행 2019. 8. 15.
1판 2쇄 발행 2021. 1. 20.

발행인 고세규
발행처 김영사
등록 1979년 5월 17일(제406-2003-036호)
주소 경기도 파주시 문발로 197(문발동) 우편번호 10881
전화 031)955-3200 | 팩스 031)955-3111

값은 뒤표지에 있습니다.
ISBN 978-89-349-9791-7 02220

홈페이지 www.gimmyoung.com   블로그 blog.naver.com/gybook
인스타그램 instagram.com/gimmyoung 이메일 bestbook@gimmyoung.com

좋은 독자가 좋은 책을 만듭니다.
김영사는 독자 여러분의 의견에 항상 귀 기울이고 있습니다.

이 도서의 국립중앙도서관 출판시도서목록(CIP)은 서지정보유통지원시스템 홈페이지
(http://seoji.nl.go.kr)와 국가자료공동목록시스템(http://www.nl.go.kr/kolisnet)에서
이용하실 수 있습니다.(CIP제어번호 : CIP2019028584)